AF330677

ÉBAUCHE HISTORIQUE

PAR

GERVAIS

DU LIEU DE CASTELFRANC (LOT).

CAHORS :

IMPRIMERIE DE J.-G. PLANTADE,
Quai Saint-Urcisse.

1876.

ÉBAUCHE HISTORIQUE

PAR

GERVAIS

DU LIEU DE CASTELFRANC (LOT).

CAHORS :

IMPRIMERIE DE J.-G. PLANTADE,

Quai Saint-Urcisse.

1876.

ÉBAUCHE HISTORIQUE.

———

PRÉLIMINAIRE.

L'anarchie, quand le désordre la produit, ne peut être détruite que par la lassitude, ou par le miracle; or nous ne sommes plus à l'époque où l'eau du Jourdain remonta à sa source; présentement nous n'avons pas à craindre l'anarchie, car nous sommes en pleines voiles, vers les prospérités nationales; Gambetta l'a dit, croyons-en ce grand penseur! J'entends qu'on me dit, mais vous n'y pensez pas, Gambetta ne sait en droit que ce qu'on enseigne à un licencié et, en outre, il est tout à fait étranger à l'administration, aux finances, à l'art de la guerre, à la diplomatie; son parlage est à la vérité à la vapeur, mais ses discours sont creux faute d'érudition. Je réplique, M. Gambetta est doué du génie, or avec cette plante sur son front, il est dispensé de ce qu'on enseigne aux écoles. Napoléon Ier disait : les mathématiques seules m'ont servi pour les actes de ma vie, or M. Gambetta a étudié les mathématiques dans sa ville de Cahors. Inclinons-nous d'estime devant le transigeant Gambetta du 25 février, époque où il a fortement contribué à la construction d'une république une, ineffable, pure et indivisible ; si cette république qui est un ange devenait énergumène sous sa robe blanche, évidemment elle aurait les destinées de ses deux sœurs de 1793, et du 24 février 1848. Dieu veuille que la république qui est un agneau, ne reçoive pas les morsures des enragés soi-disant républicains.

GAMBETTA

AVANT ET APRÈS LE 4 SEPTEMBRE.

Avant le 4 septembre, M. Gambetta savait dire et savait faire tout ce qu'il fallait, pour l'insurrection de la tourbe ; il savait commenter et expliquer en homme habile le programme de 1869 dont il avait pris copie exacte; les tavernes, les restaurants où on déjeûne au hasard de la fourchette, la sourricière où le sommeil ne coûte qu'un sou, étaient parfaitement connus de M. Gambetta. C'est dans ces lieux qu'il disait aux ouvriers fainéants : *vous êtes la tête et le cœur de Paris, et Paris* est la tête et le cœur de la France; tu as raison, Gambetta, répondaient les ouvriers, tu es *des nôtres,* la revanche. Pour avoir l'air de tenir parole aux électeurs, à qui on avait promis en grande partie le programme de 1869, on a proposé l'amnistie qui n'a été acceptée que par 50 voix. M. Gambetta s'est tenu dans l'abstention, contrairement à ce qu'il avait promis au programme de Laurent Pichat ; l'étoile de M. Gambetta pâlit tous les jours. Ranc, Rochefort, Vallés, Félix Piat, veulent l'exécution du programme de 1869. Gambetta est rétrograde et pour ce motif qualifié de traître avec Challemel-Lacour, par Naquet, rédacteur du *Rappel*. Robespierre rétrograde ne tarda par à être frappé par le 9 thermidor.

Gambetta par intrigue eut le privilège de monter dans un ballon pour aller remplir les fonctions de dictateur à Tours et à Bordeaux. Gambetta n'a pas le courage de la guerre, mais on ne peut lui contester celui de voyager dans les airs. En cela il est supérieur à Philippe-Egalité qui à deux mètres de terre se fit descendre d'un ballon, ce qui lui valut une chanson de moquerie commençant en ces termes :

> Marly fait un voyage,
> Dans l'empire aérien,
> Et mais ouida
> C'est un grand avantage,
> Que d'être physicien !

Dans son parcours atmosphérique, s'il faut s'en rapporter au merveilleux, en suivant l'exemple d'Hérodote, le citoyen Gambetta eut une prérogative que n'eut pas le pieux Enée. Le Troyen dans l'autre monde ne vit que les âmes à naître *(tu Marcellus eris)* tandis que l'enfant du Lot, Gambetta, vit dans les *régions éthérées* de la philosophie nouvelle les âmes retirées et récompensées. Après la descente des régions éthérées sur le sol de France, Gambetta fut tout-à-fait inférieur au pieux

Enée, il n'était pas digne de faire la toilette à ses souliers ; le pieux Enée à son retour de l'Élisée des payens, s'empara du Latium après avoir terrassé Turnus, et Gambetta a tenu à cœur de laisser vivre Moltke et Bismarck ; en cela il a imité les Augustes de Saxe, rois de Pologne, qui préparèrent son envahissement, au profit de Catherine, de Marie-Thérèse, de Frédéric de Prusse. Gambetta effrontément chaussé de cothurne à Tours et à Bordeaux s'est permis de qualifier le bonapartisme de misérable, l'aigle symbole du bonapartisme lui répond, je dédaigne les piqûres d'un roitelet. Gambetta, par ses actes de septembriseur et de dictateur, sait ce qu'il mériterait. Gambetta et ses compères avaient promis à leurs électeurs la séparation du Culte de l'État, l'instruction primaire obligatoire et laïque, l'affranchissement de l'impôt indirect, l'impôt sur le capital, l'amnistie. Gambetta et ses compères sont encore *débiteurs* ; pour avoir menti, les élus de 1830 furent punis par le 24 février 1848 ; les élus du 24 février 1848, pour avoir menti, furent punis par le 2 décembre. Quel sera le sort de Gambetta et de ses compères pour avoir menti aux électeurs ? Gambetta : tes extases n'ont plus d'illusion.

Gambetta dictateur à Bordeaux fit choix de Frayssinet comme conseil et comme souffleur pour les affaires de la guerre. Si Mécène avait été pour Octave ce que Frayssinet a été pour Gambetta, à coup sûr il n'aurait pas gagné la bataille de Philippe contre Brutus et Caïus, les derniers républicains de Rome.

Le général Gambetta aidé de Frayssinet était inférieur à Carteau et à Dopet au siége de Toulon. Gambetta pour se faire des partisans donnait carte blanche aux fournisseurs ; s'il les avait voulus équitables, il les aurait tenus dans l'équité, au moyen d'un décret sévère et énergique contre les fraudes. Par les complaisances de Gambetta envers les fournisseurs, nos soldats étaient habillés d'amadou et portaient des souliers de carton. C'est avec cet assortiment qu'ils combattaient et bivouaquaient dans les neiges. Comme dictateur, Gambetta est-il sur la ligne de Camille et de Cromwell ? Les a-t-il imités en conduisant la majorité des armées françaises à la boucherie du duc de Mecklembourg, en faisant déplacer le cantonnement d'Aurelles de Paladines, en changeant une aile du corps d'armée du général Chanzy résistant aux Prussiens avant ce changement, en laissant inactifs cent cinquante mille hommes sur les bords de l'Océan au lieu de les joindre aux vingt mille hommes de Faiderbhe qui faisait des prodiges de valeur dans le Nord, en arrêtant Bourbaki dans sa marche triomphante et pourquoi, parce que par des plans de campagne et de bataille bien concertés il remportait tous les jours des victoires contre les Prussiens que l'ambition personnelle de Gambetta tenait à cœur de ménager. Frayssinet sous la dictée de Gambetta écrivit des lettres fort amères à Bourbaki et ce sont ces lettres conçues en termes injurieux, qui portèrent Bourbaki au suicide. En cela Bourbaki imita l'officier français qui se donna la mort pour avoir reçu des humiliations du maréchal de Saxe.

Gambetta et Jules Favre se donnaient la main pour favoriser les Prussiens qui leur avaient promis une partie de la France. Favre par son silence livra l'armée de Clinchant aux massacres des Prussiens, et la rendit prisonnière dans l'Helvétie ; par un simple avertissement Clinchant et son armée se seraient sauvés à Besançon. Si Gambetta et Jules Favre étaient accessibles aux remords, au lieu d'être en la Chambre des Députés ils seraient entrés dans les monastères, le reste de leurs jours. Châteaubriand se trompe quand il donne des remords aux pervers ; il vaut mieux s'en rapporter à la maxime des livres saints : *Cum ad pessimum, venerit impius omnia contemnit*. Je n'ai parlé de Gambetta et de Favre que sous l'aspect politique, je pense que l'histoire leur donnera l'éloge qu'elle donna au bon larron.

LE RÉGENT DE LOUIS XV.

Il y a beaucoup à dire sur la branche cadette des Capétiens, quand cette branche avait des apanages, combien de désastres n'a-t-elle pas causés ? Louis XI enfin supprima les apanages, son intérêt individuel et l'intérêt de la patrie voulurent cette suppression, les Capétiens à raison de leur égoïsme qui leur faisait considérer la France comme leur domaine, l'ont rendue heureuse par le progrès ; les Capétiens n'ont pas été tous doués du génie, mais l'imitation d'un Philippe-Auguste, d'un Charles-le-Sage, avec le bon sens qui n'a fait défaut que sous le règne de Charles IV l'idiot, la France a été toujours dans les prospérités, sauf en temps de maladies communes au corps social comme au corps humain. Les Bourbons seraient encore sur le trône, sans l'événement du 21 janvier, exclusif tout à fait exclusif de la 3me race.

Les d'Orléans appartiennent à la branche cadette des Bourbons.

Le duc d'Orléans neveu de Louis XIV méprisa ses conseils patriotiques.

Le duc d'Orléans par égoïsme au préjudice de la France, fit alliance avec le cabinet de Londres, parce que l'Espagne forte du génie d'Alberoni, ministre de Philippe V et d'Elisabeth Farnèse, lui donnait des craintes dans le cas de la mort de son pupille Louis XV dont la santé était très faible. L'intérêt personnel en France sauf l'honneur qui tenait lieu autrefois de plébiscites est tout. Veut-on perdre la France, et l'assimiler au sort de la Pologne qu'on la confie aux septembriseurs qui valent encore moins que les Auguste de Saxe. En France, si la république n'y était, un roi absolu, avec le rétablissement des provinces, fut-il un profond scélérat, détruirait les racines du mal dans son intérêt personnel qui est celui de la patrie, car le moindre rameau du corps social qui souffre, fait souffrir le chef absolu de l'État.

Le duc d'Orléans tuteur de Louis XV aurait dû être fidèle aux conseils du grand roi, et être entièrement uni avec la Cour de Madrid, pour cause d'alliance de famille, et pour cause des Pyrénées qui séparent la France de l'Espagne. Le Régent de Louis XV considérant avec le cardinal Dubois un intérêt éventuel d'égoïsme, s'obstina dans les sympathies du cabinet de Londres qui sût exploiter les intérêts de la France par le Régent, comme il a su exploiter les mêmes intérêts par Louis-Philippe jusqu'au 24 février 1848. Pour les mauvaises choses, Philippe de 1830 et son aïeul, font évidemment preuve de la même conduite contre la patrie.

Sous les rapports commerciaux, le Régent fut aussi blâmable que sous les rapports de la politique extérieure ; séduit par le charlatanisme de Law l'écossais, il se livra à un commerce qui avait pour étendue le Sénégal, les Indes Orientales et Occidentales ; tout le monde courait en foule aux billets de banque de Law, que par enthousiasme on préférait à l'argent. Ces billets de banque trop multipliés eurent le sort des assignats de 1793, époque où il fallait deux cents francs en billets pour payer un déjeûner. Le restaurateur aurait préféré 30 sous. Quand on s'aperçut que les ressources de l'État et les garanties métalliques, étaient cent fois au-dessous de la valeur nominale des billets de banque, ces billets descendirent au rabais et du rabais au nihilisme.

Vers la fin de sa dictature Gambetta avait résolu d'infecter la France de la circulation des assignats, ses presses étaient prêtes. Les assignats à cours forcé de Gambetta auraient été une confiscation contre les créanciers prêteurs en espèces métallique ; Gambetta était sûr d'avoir dans son parti tous les débiteurs libérés au moyen de zéro. A cette tentative de Gambetta, se joignant sa résolution de porter atteinte à la propriété de la Banque de France et des chemins de fer, les amis de M. Gambetta, appartenant comme lui, aux saturnales du 4 septembre, partageaient les sentiments du Dictateur, pour les mesures de confiscation dont il vient d'être parlé.

Pour leur défense, les Messieurs de septembre disent : les cerises vérées sont aussi bonnes que celles qui ne le sont pas, et même meilleures pour le goût et l'hygiène, à raison de la substance et de la maturité !

Le Régent eut des fautes à se reprocher, et non des crimes, l'histoire foule aux pieds les brochures calomnieuses écrites contre lui ; à cet égard qu'on lise l'histoire du siècle de Louis XIV et de Louis XV par Voltaire qui est sérieux quand il écrit l'histoire et tout autre que lorsqu'il est *philosophastre*.

Calomniez, calomniez, dit Beaumarchais, dans son ouvrage *dramatique, il en reste toujours quelque chose. La calomnie brûle comme un charbon ardent*, dit Royer-Collard.

Le Régent eut des soins particuliers pour Louis XV dont la santé était très-faible. De cette santé faible qu'eut fait l'ambition de son fils et petit-fils.

Les mânes du Régent ont horreur des attentats de son fils, des assassins du duc de Berry, du prince de Condé, et des humiliations qu'on fit subir à la duchesse de Berry. Les mémoires d'outre-tombe de Châteaubriand, et les procédures relatives à l'espagnolette, font évidemment connaître les monstres qui se baignèrent dans le sang des victimes qui viennent d'être mentionnées. Dans les motions de tribune de l'honorable M. Clausel de Couzergues (Aveyron), constamment législateur sous l'Empire, M. Decazes, père du ministre, joue un rôle qui vaut à son fils son incarnation dans la famille des d'Orléans.

PHILIPPE, DUC D'ORLÉANS,

Philippe, fils du Régent, était aussi passionné pour
le luisant d'une couronne que le papillon de nuit pour
l'ardeur d'une chandelle ; *Sunt una, et eadem personna
cum defuncto.* Philippe, fils du Régent, s'était prononcé
pour le régime Anglais avec le duc d'Aiguillon ; les
Lameth, Lafayette, le comte de Provence, Mirabeau
était également novateur ; Mirabeau faisait des efforts
pour élever le Duc d'Orléans, son protégé, sur le trône ;
mais il l'abandonna quand il s'aperçut qu'il était trop
pusillanime pour s'élancer à la première place ; Mirabeau
s'adressa au comte de Provence qui désirait, comme
lui, la stabilité du régime Anglais ; il fallait ce régime
à Mirabeau pour le contentement de son ambition ;
Philippe, fils du Régent, avait mis sa confiance en

Dumouriez, la gloire et l'honneur des armées françaises ; mais Dumouriez avait pour ennemi Pache, ministre de la guerre, qui refusa de lui envoyer des secours ; c'est cette privation qui lui fit perdre la bataille de Neerwinden, sous les murs de Tirlemont ; après sa défaite, Dumouriez se vit dans l'impuissance de mettre à la porte la Convention Nationale. La Convention qui avait percé les desseins hostiles du vainqueur de Jemmaques, lui envoya cinq commissaires pour le saisir et l'amener à la barre de l'Assemblée pour y rendre ses comptes ; il est probable que Dumouriez aurait eu le sort de Westermann, Biron, Custine. Dumouriez, après avoir peint en peu de mots les Conventionnels, fit arrêter les cinq commissaires Camus, Bancal, Quinette, Lamarque, Beurnonville qui avait remplacé Pache au ministère de la guerre. Dumouriez trouva son salut chez les Autrichiens, avec les fils de Philippe-Égalité à qui le général français enseignait l'art de faire la guerre. Philippe pour éviter les dangers que courait sa personne de la part de la Montagne avait pris le nom d'Égalité et avait porté ses titres de prince à la Commune. Ces déférences ne le préservèrent pas de la mort qu'il méritait ; il subit le dernier supplîce et ses enfants ne l'auraient point évité s'ils n'avaient pris la fuite en Allemagne, où Philippe de 1830, ne cessa d'être conspirateur. Philippe, fils du Régent, méritait la mort pour avoir organisé les émeutes en disant aux populations que Louis XVI avait accaparé tous les blés du royaume, pour les faire mourir de faim ; c'était Philippe qui était l'accapareur. Par suite, les émeutes prirent une attitude violente à la

Bastille, où **M.** de Launay périt au milieu des flots de sang, à Versailles où furent massacrés les gardes du corps avec d'imminents dangers contre le Roi et la Reine. Philippe méritait la mort pour l'avoir donnée à Louis XVI, et à la princesse de Lamballe ; quand Robespierre et Duplex, son prétendu beau-père, virent déposer le bulletin de Philippe, pour la mort de son cousin, ces deux régicides sentirent un frissonnement d'indignation dont la peinture se voit dans le livre de Lamartine.

LOUIS XVIII,

Les factieux contre Louis XVI et son gouvernement, pour se punir de leurs attentats s'égorgèrent entre eux jusqu'au 18 brumaire, à l'égal des taupes qu'on placerait sous le couvercle d'un récipient. La mort des Gracques par Scipion Nasica, mit la couronne impériale sur sur le front de César. La mort de 25 ou 30,000 hommes inoffensifs en septembre par Danton, couronna Napoléon Ier le 18 brumaire ; la mort de 30,000 hommes par les *fantaisistes*, les 21, 22 et 23 juin, éleva au trône Napoléon III, le 2 décembre ; que produiront les massacres du 18 mars par M. Thiers qui aurait pu les éviter en avertissant à temps le général Vinoy et des bataillons fidèles. Le journal l'*Ordre* parle de la puissance *d'un seul jour, d'un seul homme !*

Louis XVIII, cet homme à qui Napoléon rendait justice en lui donnant la capacité d'un recteur de province s'était prononcé pour le régime anglais depuis 1789. Le comte de Chambord a méprisé l'eutopie de son grand oncle en ne voulant que les errements de Louis XVI. Louis XVIII ne se voyait que lui-même à l'égal de Sieyès, Talleyrand et Thiers; par intrigues, ruses, artifices, il eut le sceptre en 1814, non pour la patrie, mais pour lui-même. Son aristocratie ne fut qu'un assemblage de jongleurs, il crût en faire des fidèles par un article de la Charte qui ratifiait la vente à vil prix des biens nationaux et par un endossement comme renfort consistant dans un milliard en faveur de la *fidélité* malheureuse qui le rejetait par l'organe de M. de Fiévé. Louis XVIII dans sa pensée disait : après mon règne le déluge, ses descendants étaient le moindre de ses soucis. En suivant les errements de Louis XVI le vieux trône aurait duré environ quarante ans. Louis XVIII préféra un trône postiche sur lequel ne pouvaient être que pour peu de temps les Charles X, et l'usurpateur Louis Philippe. Sur le trône les passions de Louis XVIII étaient des vanités mesquines, elles se contentaient d'un peu de littérature et des visites à heure fixe, des dames Decazes et Ducailla, cette dernière était savante, car elle avait *beaucoup vu* et *beaucoup observé*. Ces deux dames s'écriaient quelquefois, *vive le roi quand même !* J'avais oublié de dire qu'en 1815 Louis XVIII fit entrer dans les régiments une fourmilière de sous-lieutenants tous ignorant le devoir d'un simple soldat.

Depuis le 21 janvier la race Capétienne n'était que nominale, Louis XVIII, Charles X, Louis Philippe, sont dans l'histoire comme Louis d'Outremer, Lothaire, Louis le Fainéant; comme en Angleterre, Charles II et Jacques II. Une quatrième race faite par la gloire et la loi des vicissitudes, a surgi sous les yeux de l'admiration de la France et de l'Europe.

Louis XVIII, Charles X, Louis Philippe, comme dans le passé ne sont que des sectaires. Présentement la branche ainée Bourbonnienne est une belle relique sous les vitraux, la France s'incline de respect, de vénération, de gratitude devant elle; quant à l'asile de la branche Cadette, on ne le visite pas, il y a cependant exception pour Messieurs Thiers et Decazes pour eux et au nom de leurs amis.

Le 25 février un évènement sublime a envoyé à la France le gouvernement du ciel, la république. Le 25 février en acclamant la république en France, l'a acclamée par contre-coup en Europe et peut-être sur toute notre planète. Dieu planta l'arbre de la liberté sur le mont Golgotha, et fit dire à son peuple par le prophète Samuël qu'en faisant échange de la république avec la monarchie ses enfants deviendraient des *hommes de corvée,* et ses *filles* des *vaisseleuses.*

Louis XVIII monta sur le trône non par le droit divin, puisque le pape Pie VII avait béni le mariage de Napoléon avec Joséphine, non par des plébiscites, mais par des mouchoirs blancs qu'on faisait floter au haut des batons dans la rue Florentin; c'était dans cette rue

que se trouvait l'hôtel Talleyrand. Dans cet hôtel paru-
rent les puissances de l'Europe pour savoir si les Bourbons remonteraient sur le trône, ou si la famille des
Napoléon y demeurerait. Le Czar s'était rendu au congrès dans la ferme intention de laisser à Napoléon la
couronne qu'il avait méritée par la gloire et les plébiscites. Alexandre voyait que le pouvoir entre les mains
des Bourbons ne pouvait envoyer des rayonnements
égalitaires; une dynastie qui a besoin pour se soutenir
du protectorat d'une nation étrangère, de l'Angleterre
par exemple, est incapable de faire le bonheur de la
France, nation qui veut le balancier pour toutes les
parties du corps social. Louis XVIII, par cela seul qu'il
était entré en France, ne pouvait être entouré que par
des joueurs de bourse, d'usuriers, d'agioteurs, d'ambitieux, de renégats, des vilenies. Louis XVIII, partisant
du régime Anglais depuis 1789, adopta la charte anglaise dans tout son entier, et la copia toute au long
dans l'esprit des lois des Montesquieu. Louis XVIII se
fit voleur d'un milliard pour consolider la vente à vil
prix contre les émigrés; Napoléon avait agi tout autrement, il avait sous presse un décret qui faisait rentrer
les biens des émigrés dans le domaine de l'Etat. Comme
la France est l'alliée naturelle de la Russie, le Czar la
voulait forte et puissante, c'est ce motif qui l'avait dé-
terminé à conserver la dynastie des Napoléon.

Le Czar changea d'opinion, et devint favorable à la
cause des Bourbons; voici comment se fit ce changement d'opinion. Les Bourbons avaient dans leur parti

un diplomate à la fois orateur M. de Vitroles, son caractère et ses talents sont peints dans l'histoire impartiale de M. Louis Blanc. Par l'intercession des Bourbons auprès de M. de Vitroles, cet homme d'Etat eut une conversation de trois heures avec Alexandre. Dans ce peu de temps, M. de Vitroles prouva au Czar que l'intérêt de la Russie et de l'équilibre de l'Europe était dans le rétablissement des Bourbons sur le trône. Sans la séduction en l'encontre de l'empereur de Russie, par l'élite de la diplomatie, la dynastie des Napoléon aurait été préservée des anomalies de 1814, et des époques ultérieures.

Pour tout le passé de gloire et de plébiscite, nous avons reçu en contre échange par délégation la république du 25 février à la majorité d'une voix et revisable aux termes de l'article 8 de la constitution. Fille du ciel, notre république est montée au capitole; autrefois une fontaine avait la propriété de rajeunir, or notre république a la propriété de créer un gouvernement parfait, et que ci-devant n'avaient pu obtenir Marcel et Charles le Mauvais de Navarre, que n'avaient pu rendre stable les efforts de 1793 et du 24 février 1848. Dieu en parlant à Moïse s'était *assis sur la nue miraculeuse,* il faut bien qu'il y ait eu quelque chose de semblable, quand le 25 février édicta *l'amabilité* de nos nouvelles institutions organiques. J'ai peut-être un faible pour la république du 25 février.

On me fait des objections : Le principe d'un peuple est éternel à partir de son origine. C'est ainsi que le principe de l'Angleterre est éternel, que le principe de la Suisse est éternel, que le principe de la Hollande est éternel, que le principe des États-Unis est éternel, que le principe des villes anséatiques Brême, Lubec, Hambourg, Francfort, est éternel; que le principe de de la France et des états de l'Europe est éternel, or pourquoi substituer à un principe éternel des natures héterogènes ? Les principes ne doivent être que lavés comme en Angleterre, à la venue de Marie, et comme en France, si on avait laissé faire Louis XVI qui n'avait qu'un peu de rouille féodale à effacer. Pour soutenir ma thèse, j'ai recours à un argument *ad hominem*, la monarchie de Rome passa à la république ! On me répond le principe de Rome était républicain, la preuve, c'est que Servius Tullius voulait la république — les circonstances prorogèrent l'exécution de ses vœux jusqu'à l'occasion du suicide de Lucrèce pour cause du viol de Sexus, fils de Tarquin le Superbe,

CHARLES X.

SON RÈGNE.

A Louis XVIII succéda Charles X, monarque essentiellement pur et irréprochable; il n'augmenta pas l'impôt de l'Empire fixé à huit cent millions par l'Empereur. — Charles X rendit la France heureuse, et eût l'estime de l'Europe ; par le seul secours de la diplomatie, la France était arrivée au complément des traités de Westphalie et de Tilsit. Par le projet Reyneval accepté des gouvernements de l'Europe, la France avait pour limites la rive gauche du Rhin. Cette prérogative dans l'intérêt de l'équilibre des peuples, était embellie de la conquête de l'Algérie; c'est au moment que la France allait jouir de ces grands avantages, que la conspiration de Louis Philippe éclata par l'insurrection parisienne à qui Louis Philippe arracha la couronne, couronne qu'il ne porta que par des génuflexions aux pieds du cabinet de St-Jammes, et par toute sorte de bassesses. Chateaubriand en parlant de la déchéance du roi Charles X, dit qu'elle fut causée par la licence de la presse, et que pour le même motif, Louis Philippe pouvait s'attendre à la même déchéance.

En 1830 Philippe commit deux usurpations, une contre Charles X et l'autre contre le peuple qui voulait un plébiscite ; les 221 se firent les représentants de la France, or les 221 n'ont jamais eu l'assentiment du pays.

En Angleterre quand une vraie révolution eut rejeté Jacques II, les choses se passèrent bien autrement. Guillaume et Marie s'arrêtèrent à Torbay jusqu'à l'arrivée de la nomination de Marie au trône d'Angleterre. Son gouvernement aristocratique est celui qui existait sur la Baltique et du temps d'Alfred le Grand. Guillaume le Conquérant avait enveloppé le principe de l'Angleterre, de l'absolutisme ; à cet égard qu'on lise l'abbé Mabli. A la même époque en France les grands seigneurs enveloppaient l'absolutisme du régime féodal, l'équivalent du régime anglais. Les Anglais ont retranché l'absolutisme de leur principe, et les Français ont-il retranché des équivalents de féodalité ? Ils ont fait davantage par la république du 25 février.

LOUIS-PHILIPPE.

La Branche Cadette et la Branche Aînée durent le retour de leur autorité à M. de Vitroles, séducteur du Czar. Louis-Philippe, le complice de son père contre Louis XVI, conserva son même caractère contre Louis XVIII auquel avec arrière-pensée il demanda pardon. Louis XVIII le lui accorda. Louis XVIII pardonnait facilement les bourreaux de son frère, car il admettait à sa table le régicide Fouché, devenu son ministre. Louis XVIII n'avait pas à espérer des repentirs sincères des régicides, leur démagogie les fit bannir. La pièce serait mal jouée si les scélérats ne restaient pas toujours les mêmes. Une quatrième race qui s'élèvera à défaut du maintien de la république doit pardonner tous les coupables, et grands coupables, mais elle ne peut s'élever que sur les tombes creusées par eux-mêmes.

Louis XVIII devait savoir que le pardon en faveur des d'Orléans ne devait produire que des fruits fort amers,

les d'Orléans sont toujours les mêmes, on a vu les fils
de Philippe s'humilier à Frohsdorff, et mettre les cha-
pelets à la main à la chapelle expiatoire, où ils ont cessé
d'entrer depuis la dérision que leur a fait essuyer le
comte de Chambord. Louis XVIII savait que le duc
d'Orléans était d'une extrême cupidité, mais il ignorait
son ambition pour la première place; le souvenir de
l'ambition d'égalité aurait dû lui donner des défiances,
la cupidité même de Philippe aurait dû le faire tenir sur
ses gardes; sous les dehors les plus amis envers la
branche aînée Philippe conspirait. Ses principaux complices étaient Lafayette, Lafitte, Casimir Périer, André
de Puyraveau, Arago, l'amiral Duperré, Guizot, et une
grande partie des partisans du régime anglais de 1789.
Philippe recevait dans son château de Neuilly, toutes
les couches du peuple. Il faisait des promesses à tout le
monde, aux légitimistes il assurait son dévouement, aux
républicains il promettait la république, à son parti ce
régime anglais des trésors et des vanités, aux caporaux
et sergents de l'avancement. Louis XVIII avait été
trompé par Louis-Philippe, il trompa également Lafitte
en lui faisant le mal pour le bien. Pour avoir des détails
sur la vie de Philippe depuis 1815 jusqu'à 1830 qu'on
lise les mémoires de Saram aide de camp de Lafayette;
Lafayette, homme de bonne foi après une parade que
Philippe lui fit subir sur le balcon, fut éconduit par le
roi citoyen à qui il ne fallait que des mercenaires pré-
disposés à l'engrais. A ces fins Louis Philippe disait à
son aristocratie mercantile, *enrichissez-vous*. M. Thiers
qui à la sortie du restaurant de sa sœur était maigre, ac-

quît l'embonpoint auprès de Sa Majesté qui avait besoin de lui comme corrupteur de Deu le juif, et comme recors de la duchesse de Berry. Un ex-marchand de châtaignes du Périgord-noir donna la main à Thiers pour l'exécution des ordres qu'il avait reçus du roi des barricades.

Le règne de Louis-Philippe est mauvais au dedans et au dehors; au dedans, dans le but d'enrichir les faméliques qui formaient son aristocratie; il augmenta le budget de douze cents millions qui, ajoutés aux huit cents millions qu'on payait sous le premier Empire et la branche aînée, donnaient la somme de deux milliards! A l'intérieur, la seule consommation reproductive était dans l'engrais des conspirateurs de 1815 à 1830. L'aristocratie de Philippe se composait des joueurs de bourse, des coupables à trafics honteux sur les chemins de fer, des usuriers dans toutes les villes où le taux des intérêts était à 7 pour cent, avec l'intérêt exigible chaque six mois, se composait des maîtres de forge gagnant cinquante pour cent; et cela pour cause du protectionnisme prohibitif de l'entrée des houilles, des fers étrangers et d'autres marchandises; par l'échelle mobile, cinquante départements de France, étaient privés de la vente de leurs vins, ou obligés à les livrer à 12 et à 15 francs les deux hectolitres. Philippe ne mentait pas quand il disait à son aristocratie : *enrichissez-vous*. C'est en s'enrichissant qu'elle engraissait Sa Majesté citoyenne. A sa liste civile, Philippe joignait les dotations et les dépouilles du prince de Condé. Son aristocratie disait : votre honneuf est en tous lieux, à lui Philippe qui avait dit au peuple, contre Charles X, l'insurrection est le plus *saint des devoirs*; à Philippe qui avait promis le programme de l'Hôtel-de-ville. Quand les populations de la capitale, s'aperçurent des tromperies de Sa Majesté aussi ingrate et aussi injuste envers elles, que depuis 1815 contre la branche aînée et Lafitte, ces populations murmurèrent; mais le Pisistrate de Neuilly était environné de soldats et de baïonnettes; au lieu d'argent en reconnaissance, Philippe fit distribuer la mitraille aux mécontents, en la place de Grève, aux cloîtres St-Méry, en la rue Transnonain; à la Croix Rousse, à Lyon. Philippe fit davantage : dans un but d'intimidation il faisait assommer les citoyens inoffensifs par les agents de police, et cela nuitamment. Néron agissait de la sorte à Rome; mais c'était à son corps défendant; il opérait des contusions et en recevait; tandis que Philippe se tenait clos dans son palais.

Les députés ventrus regorgeant de richesses aux dépends de la France, se permettaient les calomnies les plus abominables contre le roi Charles X, après sa déchéance. Un pourri, un encroûté de vices, poussif d'inconduite, du nom de Podenas eût l'impudeur de qualifier à la tribune, Charles X, *d'homme féroce.* M. de Martignac qui connaissait les sentiments chevaleresques du bon roi Charles X, fit une réponse remplie d'à-propos et de convenance, contre le vermoulu calomniateur; pour ce fait qu'on lise le *Moniteur.*

Depuis peu de temps un membre du rouge rose a dit

que le roi Charles X était un imbécile ; l'orateur Castellane a répondu en substance, que Charles X avait conquis l'Algérie et limité la France à la rive gauche du Rhin, par le projet Reyneval accepté de l'Europe, tandis que septembre au nom de la République, avait cédé deux provinces et payé au Brandebourg onze milliards.

Au dehors, Louis-Philippe était à la remorque du cabinet de Londres, il avait cédé la Belgique, décidée à s'incorporer à la France, au gouvernement Britannique qui envoya à Bruxelles son préfet Léopold. L'Angleterre eut exclusivement la navigation de l'Escaut, et pour la consolider dans son commerce, Philippe sacrifia plusieurs mille hommes pour le siége d'Anvers. Plus tard, Philippe, pour faire de rechef la cour aux Anglais, leur avait cédé l'Algérie. Sans une motion de Berryer, applaudie de la Chambre, l'Algérie serait possession Anglaise (qu'on lise le *Moniteur*) : Philippe pour compléter son ignominie mit sous les pieds de milord le pavillon français, parce qu'il avait été honorable devant la piraterie de Pritchard. Philippe était considéré par l'Europe à l'égal d'une puissance de 6e ordre. La diplomatie de Philippe fut refusée au Congrès de Vérone, et la fille de l'Empereur d'Autriche, fort polie envers le fils aîné de Philippe ne le voulut pas pour époux. Thiers avait prévu ce refus. L'auteur du génie du Christianisme a peint Louis-Philippe tel qu'il était. Philippe-Égalité, Philippe de 1830 sont imités par leurs fils et petits-fils. Aux derniers moments de Louis-Philippe, je ne pense pas que le prêtre lui ait dit : *Vous vous séparez de vos frères pour aller avec votre père.* Philippe ne méritait pas ces paroles de consolation. — A part ses partisans regorgeant de richesses au milieu des délices de la vie, Philippe avait contre sa personne la haine publique. Au lieu de défendre Sa Majesté citoyenne contre les banquets réformistes et les émeutes, à Paris, soixante-mille hommes restèrent l'arme au bras, et pareil nombre dans l'Algérie. Tout le monde bénit la révolution qui venait de s'opérer, et la république pour le balai dont elle se servit contre les immondices de 1830, et contre le régime Anglais qui en faisait parti. Guizot, le demi-jour, et les Doctrinaires avaient soutenu ce régime sur l'exemple des novateurs de 1789.

RÉPUBLIQUE DU 24 FÉVRIER

ET ÉPOQUES ULTÉRIEURES.

Cette république fut un remède contre le renouvellement de la féodalité en 1830. La Constitution de 1830, gouvernement Anglais, était la féodalité, et c'est cette féodalité que la République du 24 février 1848 renversa. Nous devons la gratitude à la révolution du 24 février 1848. La majorité des Français aurait voulu la conservation de cette république, parce qu'elle était sur la ligne des travaux d'Hercule. Mais cette république après avoir opéré un grand bien fit le mal. Des tyrannaux se couvrirent du manteau républicain. Dans le fait, ces tyrannaux étaient Tarquin le Superbe; ce scandale se montra aux yeux de tout le monde. Quand les Tyrannaux, je me le rappelle profondément, prononcèrent l'internat contre les républicains dévoués au gouvernement du Ciel, tout le monde s'irrita, non contre la république qui est au-dessus de la monarchie même impériale, mais contre les monstruosités dirigeantes. Ces monstruosités autorisèrent le général Cavaignac qui ne devait qu'obéir ainsi que l'a dit Regnault de St-Jean d'Angely, à opérer les massacres du 21, 22, 23 juin. Ce n'est pas la république qui commit cet attentat, ce n'est pas la république qui fut sanguinaire le 18 mars, c'est un ambitieux qui ne voulut avertir à temps le général Vinoy et des bataillons fidèles. *Détestable ambition disait l'orateur de Toulouse qui crée des dangers pour supposer des services.* Sans cet ambitieux acrobate, et toujours acrobate, connu par ses sentiments contre la république en 1830, les horreurs de la guerre civile n'auraient pas été commises.

Si la providence n'avait élevé Napoléon III au trône que son oncle avait acquis par la gloire et les plébiscites, la France allait aux abîmes, il y avait urgence, et pour ce motif la bénignité d'un coup d'état était nécessaire, le coup d'état de Napoléon III était dans les sentiments du pays fatigué non de la république, mais des ambitieux qui la dévoraient, sans autre consommation reproductive que celle qui était dans leurs intérêts personnels. La république du 24 février n'avait pas à faire à des républicains, mais à des vautours. A des faméliques succédaient des faméliques, or ces faméliques pouvaient être comparés pour les rapines à Hébert et à Chaumette, qui enlevèrent huit cent millions dans les églises, dont un huitième seulement parvint au trésor public. Les affaires étaient entièrement en désarroi, le vaisseau de l'Etat faisait eau partout et allait infailliblement sombrer; il fut sauvé le 2 décembre par Napoléon III; par la bonne administration de l'Empereur; par le libre-échange, le commerce s'enrichit de quarante milliards, et on connaît ses ressources lors de l'emprunt de neuf milliards pour payer les frères et amis de la radicaille, et les frais d'une guerre que Jules Favre ne voulut faire cesser à Ferrières, et plus tard encore avec peu de sacrifices Napoléon avait fait quelques emprunts pour les guerres de Russie, d'Italie, et du Mexique, mais il avait gagné huit milliards au moyen des chemins de fer, sans parler des grandeurs au dedans et au dehors. C'est par l'intervention des armées françaises en Italie que la péninsule qui gémissait sous l'esclavage féodal depuis Béranger, fut dégagée de cette vieille rouille avec recouvrement de l'unité italienne dirigée par Victor-Emmanuel. On a blâmé la guerre du Mexique. Cette guerre est une consommation reproductive, parce que les Mexicains ayant appris à faire la guerre, sont capables de résister aux États-Unis qui avec la conquête du Mexique auraient inspiré de grandes craintes à l'Europe.

Napoléon III sur l'exemple de Louis XIV qui avait conquis l'Alsace, et sur l'exemple de Louis XV qui avait obtenu la Lorraine, obtint la Savoie avec la perle de Nice formant le département des Alpes-Maritimes; la Savoie est un boulevard contre l'envahissement étranger. Napoléon III était administrateur, financier, diplomate, général, homme d'État, historien; si son opinion avait prévalu sur celle de ses généraux, c'est à Paris qu'il aurait combattu les Prussiens et non à Sedan ; à Sedan d'après le témoignage de nos généraux, l'armée se serait sauvée à Mézières, sans l'obstination de Wimpfen, à mépriser leurs conseils. Wimpfen a le blâme de tout le monde excepté de la radicaille qui lui prodigua des louanges dans le procès qu'il avait fait devant le jury à Monsieur Paul de Cassagnac. Napoléon avait pour lui la France, et contre lui toutes les factions. Ces factions furent mises en mouvement par le moyen pervers des assemblées délibérantes, secondé de la Presse. Les grands hommes ont toujours quelques travers; ceux de Clovis-le-Grand et de Charlemagne furent dans la constitution le vice de *la divisibilité de la couronne*. Les travers des Napoléon ont *été les assemblées délibérantes*. C'est le Sénat qui en 1814 conspira et prononça la déchéance de Napoléon Ier, c'est l'assemblée introuvable des Cent jours qui refusa le glaive exterminateur de Napoléon contre les ennemis *placés d'une manière hasardeuse* sur la rive gauche de la Seine, c'est l'assemblée délibérante du Corps législatif trompée, comme d'habitude, par quelques démagogues influents, qui fut la cause de la déchéance de Napoléon III et de sa dynastie; si la république du 25 février se voyait débordée par l'anarchie, et obligée de céder sa place à la monachie impériale, cette monarchie forte d'expérience, devrait supprimer les assemblées délibérantes, les convertir en sociétés savantes, rétablir les provinces, annihiler la licence de la Presse, fixer son séjour à Versailles, et pour le balancier des contreforces conserver le jury, la magistrature inamovible, et toutes corporations à existence politique qui se forment toutes seules. Les pourris ne doivent pas goûter cette proposition patriotique. Pour mieux faire conservons notre république qui est le meilleur des gouvernements.

Le départ de la république, le bonapartisme ne le veut pas, ce n'est que dans le cas de l'homicide de la république par les faux républicains, que la monarchie recouvrerait ses droits impériaux par l'appel au peuple. Si la république chute elle ne chutera que par les morves du 4 septembre. A part les septembriseurs et complices, les autres partis ne sont encore atteints de la contagion des morves. En dehors des morves, M. Robinet a donné amples explications, il a dit que c'était pour la France qu'avait eu lieu l'insurrection du 18 mars, qu'elle avait pour objet de détourner la couronne qui se dirigeait sur le front des d'Orléans par l'influence de M. Thiers tout puissant dans Paris. Au nom du 18 mars Assi a dit en substance, dans son interrogatoire, qu'il n'avait pas été félon à l'Empire, qu'il avait été partisan du bon ordre, et son défenseur en combattant les attentats du 4 septembre coupable de *lèse majesté et de lèse nation*. Les communaux disent : on nous accuse d'avoir immolé les *otages*, c'est vrai, mais nous demandons à M. Thiers qui nous a livrés à des conseils de guerre si les soldats de Hoche qui avaient percé de leurs baïonnettes les enfants des Vendéens dans leurs berceaux subirent les jugements des conseils de guerre. Les conseils de guerre, après le 9 thermidor les juris-con-sultes les rejetèrent en disant qu'ils n'étaient que des antichambres d'autorité despotique. Dieu me préserve de placer dans ces anti-chambres Pourcet et le duc d'Au-male aussi benin dans sa présidence que Jules Simon dans sa diction oratoire.

Les hommes du 18 mars qui ont subi des jugements contradictoires doivent être grâciés parce que pendant six ans ils ont souffert beaucoup, quant aux chefs sur le compte desquels les anciens auraient dit *papavera collo* c'est autre chose. Ces chefs veulent le renversement de la centralisation pour avoir des comtés, des duchés, des baronies, des seigneuries avec la compression sur les hommes libres comme à l'époque des Charles-le-Chauve. La législature est menacée du rouge rose qui est le des-potisme à plusieurs têtes. Dans le passé le rouge rose se vit sur le char du triomphe, pour y monter encore, il suit la marche du passé; il a pour lui les gredins af-famés des villes, par eux il croit avoir des fonctionnai-res publics, des officiers comme ceux qu'élisait Gam-betta dictateur à Bordeaux, Gambetta qui faisait d'un caporal un lieutenant-colonel, d'un lieutenant un géné-ral, d'un capitaine un général de division, d'un journa-liste ignorant un préfet; si on n'y prend garde, on ne pourra empêcher le mal que par la grâce de Dieu, le centre gauche menace d'envahir la France et l'Europe. S'il a raison en France, il aura raison en toute l'Alle-magne qui a toujours et dans tous les temps imité la France dans les phases politiques. Du sommet du des-

potisme à plusieurs têtes, où ira-t-on ? on ira pour
cause des persécutions et de la misère publique à la dé-
terrioration de l'espèce humaine, et de là à son anéan-
tissement; le créateur reprendra ce qu'il avait laissé
d'immortel dans l'espèce humaine. On a des faits qui
démontrent ces vérités. Dans le règne végétal étaient
des hautes bruyères présentement dans l'état des *fossiles*
et dans le règne animal des Mammouht. Un Mammouht
a été trouvé par un géologue de Fumel (Lot-et-Garonne).
Paris l'a remercié pour le don précieux qu'il lui en a fait.

Je ne pense pas que la France et l'Europe soient encore proches du jugement dernier.

EFFETS EXTÉRIEURS

DU 4 SEPTEMBRE.

Dans cet opuscule il a été parlé des effets intérieurs du 4 septembre, inutile d'exprimer des redites.

Par l'exécution du projet Reyneval arrêté par la felonie de Louis-Philippe, et sans le guet-apens du 4 septembre, les traités de Westphalie et de Tilsit auraient leur complément d'équilibre Européen; actuellement à raison de ses malheurs, la France est incapable d'être quelque chose en Orient. A ces malheurs s'unit la discordance. Pour cause de la ligue entre le czar Alexandre et Guillaume, tout le monde aperçoit un point noir dans l'horizon politique. Comme par Sadowa l'Empereur Guillaume s'est fait suzerain des puissances Allemandes, François-Joseph doit être dans les alarmes pour les provinces de son royaume d'origine Slaves, attendu que, la suzeraineté impériale ne lui garantit plus leur subordination. Les provinces conquises en Autriche sont Slaves faisant cause commune avec les Slaves de Turquie.

Les Slaves en Autriche et les Slaves en Turquie ont gémi plusieurs siècles sous le joug des Conquérants. Par cela même la guerre est visible entre le Sultan et les chismatiques, la guerre est également visible entre François-Joseph et les Slaves de son royaume. Quand par la guerre le Sultan et les Slaves seront affaiblis, quand par la guerre François-Joseph et les Slaves seront affaiblis, le Czar en entente avec l'Empereur Guillaume s'emparera de la Turquie d'Europe, et Guillaume du territoire Autrichien d'autant que les Allemands préféreront à l'autorité de Vienne la suzeraineté de Berlin.

Pour empêcher les anomalies contre l'équilibre Européen, il y a un moyen, c'est la stabilité républicaine en France ou la monarchie impériale dans toute sa vérité, le drapeau de la France rendue à son principe est un ralliement invincible de d'Occident contre les anomalies de l'Orient. La coalition St-Pétersbourg et Brandebourg présente moins d'obstacles que ces parolos : *Austriæ est imperare orbi universæ*, soutenues par la vaste puissance de Charles-Quint.

RÉSUMÉ.

Je crois avoir dit que notre république du 25 février vivra autant que notre planète, pourvu qu'elle suive les phases épuratives, comme sa sœur aînée jusqu'au 18 fructidor. C'est par l'épuration que la monarchie Capétienne avait grandi sous le règne de Philippe-le-Hardi, c'est par l'épuration qu'elle avait conservé sa force sous le règne de Louis XI, c'est par l'épuration qu'elle avait conservé sa force sous le règne d'Henri IV, c'est par l'épuration que le cardinal de Richelieu fit le règne glorieux de Louis XIV, c'est par l'épuration que la dernière faction de 1793 instruite par l'expérience porta l'olivier de la paix à l'honneur national ! Unie de toute son âme aux douze mille hommes que commandait le général Ramel, elle passa avec eux sous le drapeau d'Augereau, ce drapeau était une loi d'attraction patriotique. Après le 18 fructidor, notre République épurée fut témoin des hauts faits d'armes de Zurich, de Crasticum, du Caire, des Pyramides. Le 18 fructidor notre république *était faite!* Le défaut d'accord entre le directoire composé de Barras, Ducos, Siéyès, Moulins, Goyer, et la France, la fit remplacer par la monarchie impériale dirigée par une 4e race élue par le génie, la gloire, et ensuite par le corollaire des plébiscites. Pour obéir à la logique sanitaire du passé, il faut aux malfaiteurs et complices du 4 septembre les remords de Judas Hiscariote, ils les auront d'après l'histoire, leur destinée est de se dévorer. C'est sur leurs catacombes qu'on verra fleurir la république dans toute sa splendeur.

Les ouvriers de Paris que le bourgeoisisme a fait plusieurs fois fusiller en récompense de leurs services, imiteront à coup sûr leurs frères frappés par le 12 et 30 germinal, comme eux ils abandonneront les trompeuses insurrections pour se rallier au principe de la France. Pour obtenir cet Eden, il faut les travaux nécessaires de l'épuration.

Les factions sont en mouvement de se convertir en imitant celles qui avaient expiré le 18 fructidor. Les désordres cesseront-ils de tourmenter la république, lorsqu'elle aura acquis la perfection de son aînée du 18 fructidor ! Beaucoup de personnes le croient ; les contradicteurs disent : la discorde entre la législature de la république et la France, est un obstacle. La discorde entre Rome et les Triumvirs, produisit la monarchie imparfaite. Cette monarchie imparfaite a été copiée par les deux Napoléon, l'un et l'autre ont conservé les formes républicaines, c'est ce qui les a fait renvoyer deux fois par le bourgeoisisme ; César dans son intérêt et dans celui de ses peuples, aurait dû supprimer le Sénat et

les comices. Le conflit fit assassiner César, et les sénateurs Soranus et Thraséa par Néron ; la discorde entre
le directoire et la France produisit le 18 brumaire ; la
discorde entre la France et le bourgeoisisme du 24 février 1848 produisit la monarchie imparfaite du 2 décembre 1852. Présentement l'accord est-il entre la
France et les républicains ? Non ! Car le Sénat a préféré Buffet à Renouard et a rejeté la loi sur la collation
des grades. Le défaut d'accord pourrait amener une dis-
solution, or les électeurs trompés par Gambetta et camaraderie, pourraient reproduire la convention dont le
28 mai 1871 n'est qu'un *essai* se liant aux scènes tragi-
ques de 1789 jusqu'au 18 brumaire. Actuellement à
Charronne et ailleurs, les ouvriers revendiquent le programme de Laurent Pychat, de Pinçon, le même que
celui de 1869 du 24 février 1848, programme que le
bourgeoisisme promettait aux couches infimes du peuple pour les insurger aux fins de leur ambition anti-
patriotique. Les ouvriers revendiquent ce programme
ou les rayonnements égalitaires de la part d'une autorité dont ils ont conservé le précieux souvenir. Les ouvriers ont su ce que c'était que le bourgeoisisme aux
cloîtres St.-Mery, à la place de Grève, en la rue Transnonain, à la Croix-Rousse à Lyon, le 21, 22, 23 juin,
et le 28 mai 1871. Qand les ouvriers étaient nécessaires
à l'ambition du bourgeoisisme, le bourgeoisisme leur
disait : vous êtes *le cœur et la tête de Paris*. Ce langage
était familler à Gambetta avant le 4 septembre dans
les faubourgs St.-Marceau, St.-Antoine, à la Villette, à
la Courtille, dans les restaurants où on déjeûne au ha-

sard de la fourchette, dans les tavernes, à la souricière, où le sommeil ne coûte qu'un sou. Depuis que Gambetta a quitté les haillons qui *cachaient des mystères*, qu'il a vêtu les habits dorés de grand seigneur, qu'il est le courtisan du duc d'Aumale, qu'il a compté ses écus à St.-Sébastien, qu'il est la Cendrillon dans les prospérités, qu'il a trompé les électeurs, les ouvriers et les couches infimes, saisissent toutes les occasions pour exprimer au soi-disant tribun leur souverain mépris; il a trouvé l'ostracisme à Charonne, il n'a pas osé se présenter le 10 août à St-Mandé où étaient ses antagonistes Naquet et Duportal.

Quand le mal se sera suicidé en présence du pardon des ouvriers, si l'appel au peuple prie la république de revenir au Ciel, si le suffrage universel dans sa haute sagesse se prononce pour Napoléon IV avec la monarchie impériale, avec le rétablissement des provinces, avec la suppression du régime anglais, du césarisme, avec la conservation du Jury, des Juges inamovibles, avec d'autres pondérations sociales qui se forment toutes seules, il faudra bien obéir au suffrage universel ! Rouge rose de 1830, du 24 février 1848, du 4 septembre, ton règne est fini.

Je crois avoir dit que si M. Thiers, le caméléon ambitieux, le soi-disant petit bourgeois, avait laissé faire le 18 mars, les forbans du 4 septembre et avant, destructeurs du bonapartisme, se seraient mangés; ils auraient eu le sort de Péthion, de Vergniaud, de Philippe-

Égalité. Les massacres du 28 mai 1871 ne préservent pas d'avantage des cataclismes de l'avenir que les massacres qui précédèrent nos triomples de Palmy, de Valmy, de Jemmapes, car tout le monde se rappelle avec douleur les coupes réglées girondines, royalistes, dantonistes, hébertistes, robespiéristes, thermidoriennes, ces dernières signalées par le 12, 30 germinal et 13 vendémiaire.

Par une grâce surnaturelle le tout pourrait s'arrangér pour le mieux, cette grâce fit périr Sinnachréif et son armée de cent vingt mille hommes. Que Dieu agisse de la sorte contre toutes les racines du mal du 4 septembre, et la république porte à l'instant des bottes à sept lieues. Pour faciliter les grâces divines et entrer dans leurs sympathies, le siége de la république devrait être à Paris. Le séjour de Versailles ne convient qu'aux imperfections monarchiques. Qui ne se rappelle que de Paris républicain partit l'appréciation qui couronna nos guerriers de Palmy, de Valmy, de Jemmapes, de Lodi, de Mantoue, du Caire des Pyramides. Sous l'aspect extérieur je crois avoir dit que Napoléon III sans les entraves des traîtres et des trembleurs aurait mis sur pied une armée de douze cent mille hommes, et dicté la paix sur la rive gauche du Rhin. Les conséquences de ce traité de paix sont dans la logique du traité de Westphalie et de Tilsit conservateur des républiques d'origine immuables par cela même; ces républiques sont Hambourg, Brême, Lubech, Francfort, la Hollande, la Suisse, notre république d'Andore. Au traité de Westphalie les trois mille petits états qui existaient en Allemagne furent réduits à trois cents, et ces trois cents à trente-huit par le traité de Tilsit. Pour complément des traités dont il vient d'être parlé, Napoléon III qui avait chassé la féodalité de l'Italie allait la chasser de l'Allemagne en créant deux états entre l'Autriche et la Prusse, le premier le royaume de Saxe agrandi des principautés de Nassau, de la Hesse électorale, du grand duché du Bas-Rhin, jusqu'à la rive droite; le second le royaume de Bavière agrandi du royaume de Wurtembert, du duché de Bade. Par cette nouvelle organisation je ne pense pas que la Prusse eût pu troubler l'équilibre Européen malgré le printemps de son âge politique. La Saxe, la Bavière, l'Autriche, la Turquie d'Europe étaient quatre puissances solidaires contre la fougue de Brangdebourg.

Par ce nouvel ordre de choses, le Sultan était sûr dans cinq ou six mois de créer l'unité du pouvoir dans les états européens, la Bosnie, le Monténégro, la Bulgarie, la Roumanie, la Grèce, et autres provinces se seraient empressées d'imiter la nouvelle Allemagne, et l'Italie qui avait un roitelet à Modène aussi bien que la Turquie dans la Grèce. Au moyen de l'unité du pouvoir l'agriculture, l'industrie, le commerce, les arts, auraient vivifié la Turquie sur l'exemple de la France. Toutes les sectes de la Turquie se seraient vues sur la ligne de celles de la France, où on ne se bat plus que pour cause de fanatisme, où les épées de Simon de Montfort et de Montluc se rouillent dans leurs fourreaux.

Aperçu. Le 4 septembre est un cancer, ses moindres racines donneront la mort à un gouvernement quelconque — notre république n'a rien de commun avec l'orgie du 4 septembre.

LE ROUGE ROSE

& LE ROUGE SANG DE BŒUF.

Au premier abord, on est porté à attribuer au rouge sang de bœuf les attentats qui se sont commis depuis 1789, on se trompe, c'est le rouge rose qui en est l'auteur. En règle générale le rouge sang de bœuf n'a été que sur la défensive, et la nation lui doit le retour de l'arc-en-ciel politique des faits. C'est par le rouge rose que périt M. de Launay avec ses fidèles, c'est par le rouge rose, que les gardes du corps furent massacrés à Versailles, c'est par le rouge rose que périt Louis XVI sur les motions des Girondins dont les coryphées Vergniaud et Péthion ; c'est par le rouge rose que furent égorgés les ouvriers après 1830. Thiers et Guizot, traîtres contre Charles X, prêtèrent main forte à Sa Majesté citoyenne. C'est pour cause d'insurrection contre de fausses promesses, que le sang des ouvriers et des prolétaires ruissela aux cloîtres St.-Méry, à la Place de Grève, à la rue Transnonain, à la Croix-Rousse à Lyon. On avait promis aux ouvriers l'exécution du programme de l'Hôtel-de-Ville ; programme qui vit encore, mais seulement pour tromper, on a trompé les électeurs. Charonne et Mandé connaissent cette tromperie. C'est par le rouge rose que périrent les ouvriers les 21, 22 et 23 juin, aidant le sabre de Cavaignac qui ne devait qu'obéir. Garnier-Pagès du rouge rose avait fait retentir contre les ouvriers au nombre de cent dix-sept mille dans les ateliers du Luxembourg cette sinistre parole : il faut en finir avec les ouvriers ; ils avaient été dépossédés des trente sous par jour que Marie avait fait donner à chacun d'eux. Ces trente sous étaient l'équivalent des grains de maïs qu'on donne aux animaux immondes pour les détourner de la truffe qu'ils ont trouvée. Dépouillés de la modique récompense, les ouvriers s'insurgèrent contre les fausses promesses de l'aristocratie du rouge rose. Dans la bataille le nombre des morts fut de douze mille hommes, de huit généraux et de l'Archevêque de Paris. Les vaincus subirent des transportations sans jugement, et les vainqueurs eurent l'or, l'argent et les chaises curules ! C'est par le rouge rose que périrent, le 28 mai, trente mille ouvriers ou prolétaires. Thiers fut le principal auteur de ces massacres qu'il aurait pu éviter en avertissant à temps le général Vinoy et des bataillons fidèles. Thiers et Arago obtinrent, pour faire juger les vaincus à qui était due la clémence, les commissions militaires que n'avaient voulue les jurisconsultes après le 9 thermidor. Ces jurisconsultes appelaient les commisions militaires : antichambres de la guillotine. Mais les ôtages égorgés, est-ce que dans les guerres civiles on observe la règle des nations qui se font la guerre ?

Est-ce que Hoche, pacificateur de la Vendée, livra aux conseils de guerre les soldats qui de leurs bayonnettes, avaient percé les enfants des Vendéens, dans leurs berceaux ? On peut affirmer que le bourgeoisisme depuis 1789, a fait plus de mal à la France que les Leudes depuis le traité d'Andelys baigné dans le sang de Brunehand, jusqu'aux règnes de Philippe-le-Bel et de Louis-le-Hutin. Dans le bourgeoisisme, on a vu en première ligne Vergnaud, Péthion, Sieyès, Hebert, Chaumette, Danton, Robespierre, Saint-Just, Couthon, Legendre, Fréron, Fouquier-Tinville, et ultérieurement Thiers, Garnier-Pagès, Arago et Gambetta.

Notre république du 25 février est impérissable pourvu qu'elle abandonne l'aristocratie n'importe ses couleurs, pour adopter exclusivement la démocratie. La démocratie paraît être sollicitée par *le Rappel, le Corsaire, la Tribune, les Droits de l'Homme* et le rouge sang de bœuf. Ce rouge sang de bœuf fut sublime le 18 fructidor, l'honneur français lui avait élevé des toasts. Le 18 fructidor la République *était faite ;* elle chuta par l'inertie du second directoire.

LES ÉMEUTES.

Les émeutes sont zéro sous les gouvernements paternels, et pourquoi? Parce que les ouvriers et les prolétaires sont dans le bien-être. A-t-on vu des émeutes sous les règnes des deux Napoléon? Les émeutes n'ont fait des levées de bouclier que sous les gouvernements éphémères et à la fois usurpateurs, tels que le gouvernement du fils de Philippe-Égalité; ce gouvernement avait adopté la charte anglaise, en contradiction avec notre principe et avec sa nature d'expérience de plusieurs siècles. A la date de Guillaume-le-Conquérant qu'on examine la marche de la politique en France et en Angleterre; l'opposition des deux principes les réunit. La France combattait pour le retour du gouvernement paternel, et l'Angleterrre pour son principe aristocratique sur la Baltique. Et sous le règne d'Alfred-le-Grand, les anomalies ambitieuses de 1830, du 24 février 1848 et du 18 mars, se sont servies des soldats pour renverser les émeutes faisant retentir ces paroles : les promesses ou le retour du gouvernement paternel. Les ouvriers, pour recompense des services rendus aux chefs révolutionnaires, ont subi

les massacres de Louis-Philippe, les massacres après
le 24 février 1848, les massacres du 28 mai 1871 de la
part de M. Thiers qui aurait pu éviter les cataclismes.
Quant aux émeutes écharpées sous les mauvais gouvernements, il leur faut un long repos avant qu'elles
puissent se remettre à l'œuvre. Ledru-Rolin en sait
quelque chose. Le taureau battu dans la plaine, aiguise
ses cornes dans les forêts, le temps qu'il faut avant de
revenir dans l'arène des combats. Dans ce moment les
ouvriers et prolétaires devenus intelligents par l'expérience à leur préjudice sentent qu'ils ne peuvent arriver
à une solution patriotique que par la loi qui admet le
suffrage universel. Présentement la France endure une
aristocratie de Clichiens, il est probable que le peuple
ne lui donnera pas ses votes. Le peuple, mémoratif du
passé, n'aime pas le rouge rose. Le rouge rose est un
corps étranger dans le corps social, malgré que Frohs-
dorf et la chapelle expiatoire l'aient montré tel qu'il est,
il n'en est pas moins arrogant.

LE COMMUNISME.

Le communisme ce n'est qu'un mot ; les ouvriers et prolétaires du 18 mars ne veulent, réflexion faite, que le bon droit après les évènements ordinaires. En 1830, à l'Hôtel-de-Ville, on leur mit sous les yeux le programme de l'avenir politique ; le 24 février 1848 on en fit autant; et le 4 septembre le même programme fut encore exhibé aux regards du public

Le peuple ne pouvant être qu'impressionné d'une révolution nouvelle bien supérieure dans ses intérêts à la première. Les révolutionnaires du 4 septembre n'ont pas eu la bonne foi des révolutionnaires de 1789. Les septembriseurs ont manqué à leurs promesses, ils ont obéi aux plaisanteries de Lafontaine : *Promettre et tenir font deux*. En définitive les jongleurs du 4 septembre ont trompé les couches infimes à l'Hôtel-de-Ville. Ces jongleurs leur dirent, vous convenez que vous avez eu le bien-être sous la monarchie impériale, eh bien ! au lieu du bien-être l'avenir républicain va vous accorder un Éden ; *vous êtes les maîtres de la France* ; à raison de ces promesses les ouvriers et prolétaires étaient au troisième ciel de l'allegresse. Quand les ouvriers s'aperçurent des tromperies irritantes qu'on avait exercées contre eux, ils dirent : on nous a enseigné en 1830, le 24 février 1848, le 4 septembre, que l'insurrection était le plus sacré des devoirs, eh bien ! il faut s'insurger, non contre la France, mais contre le *bourgeoisisme* qui nous a effrontément trompés. Thiers, petit bourgeois, à ce qu'il dit, voulut exterminer l'insurrection qu'il voulut en 1830, et qu'il n'avait pas refusé le 4 septembre. Si Thiers s'était tenu en dehors de la proposition de l'orateur de Toulouse, détestable *ambition qui crée des dangers pour supposer des services,* il est certain que Thiers avec un avertissement à temps *au général Vinoy et aux bataillons fidèles aurait empêché les cataclismes.*

Les ouvriers et prolétaires ont eu en horreur le 4 septembre à cause du bien-être dont ils jouissaient sous la monarchie impériale de Napoléon III. Jamais les ouvriers et prolétaires n'ont révolutionné sous le règne de Napoléon III, contre leurs habitudes sous les règnes de Charles X et de Philippe. Assy, qui est l'écho des insurgés du 18 mars, a dit dans son interrogatoire : J'ai été rebelle, c'est vrai, mais seulement au gouvernement du 4 septembre. Par la réponse d'Assy, le 4 septembre n'avait eu pour secours que la camaraderie de Brandebourg. Garnier-Pagès, les douze et complices ont joué un rôle qui a été évidemment recueilli par l'histoire inexorable.

Les victimes du 28 mai 1871 disaient pour leur défense : nous nous sommes insurgés, parce qu'on nous avait affirmé que l'insurrection était le plus saint des devoirs. Nous nous sommes insurgés parce qu'à l'Hôtel-de-Ville on nous avait promis des lois républicaines, car aux termes de l'Esprit des lois de Montesquieu, les lois de la république sont différentes de celles d'une monarchie, soit royale, soit impériale, n'importe les mots. M. de Persigny, homme d'Etat, n'établissait de différence, nous nous sommes insurgés, et c'est le docteur Robinet qui parle, parce que M. Thiers se disant petit bourgeois, voulait rétablir les d'Orléans à une époque où il n'avait pas la pensée d'être petit Tibère à Trouville. Cette assertion du docteur Robinet est approuvée par M. Thiers disant plus tard à la tribune, qu'on lise le *Moniteur*, que la république française pour se soutenir avait besoin de la présidence héréditaire des d'Orléans. Les victimes disent pour leur défense, on nous reproche des excès graves contre les otages, ils existent. M. Thiers devait savoir et mieux que tout autre puisqu'il est historien, que dans les guerres civiles rien n'est sacré, sans aller puiser des exemples dans l'albigeoïsme et dans les guerres de fanatisme ultérieures, il suffit de rappeler que les soldats de Hoche après avoir plongé les bayonnettes dans les berceaux où étaient les enfants des Vendéens ne subirent pas le conseil de guerre.

Les ouvriers et prolétaires du 18 mars avaient sur le cœur un pressentiment à raison des attentats des bandits du 4 septembre faisant une révolution en face de l'ennemi et en présence de huit millions de suffrages en faveur de Napoléon III, sans parler de l'ignominie de la défense nationale qui se laissa battre par Brandebourg humilié à Iena, Friedland et au traité de Tilsit. Notre première république eut à ses pieds les sollicitations de l'Europe pour l'obtention de la paix. A l'intérieur notre première république fut vicieuse, mais elle fut sublime au dehors, Gambetta et Jules Favre montrez les lauriers de nos pères.

La France est malade depuis le 4 septembre ; le temps seul peut mettre fin à cette maladie, une maladie d'enfant, la coqueluche dure 42 ou 45 jours, on doit attendre le temps qu'il faut pour la guérison de la maladie du 4 septembre. On ne doit pas se désespérer, les sauterelles du désert dévorent les récoltes de la plaine, mais le fléau ne dure qu'une année, les sauterelles ne survivent pas à leurs désastres, l'impie après ces méfaits n'existe pas longtemps. Attendons, le suffrage universel a pu être trompé plus d'une fois, mais instruit par l'expérience, il ne le sera pas en définitive. Par le progrès notre république sera prodigieuse en prospérités nationales.

De la disgression qui n'a pas déplu je crois à l'esprit de convenance qui caractérise les ministres Dufaure et de Marcère, je reviens au communisme. Le communisme n'est qu'une chimère et un épouvantail de mirage. Pour éclairer ses partisans de bonne foi donnons des raisons. Le communisme en France ne peut vivre que par son existence chez les nations de l'Europe. Si la France seule l'introduisait, la France aurait le sort de la Pologne; Bismarck qui s'entendait en politique, écrivait à Arnim, son ambassadeur, félicitez-vous de la république en France, car la république fait sa faiblesse. Si la république fait la faiblesse de la France, à plus forte raison le communisme; sans l'installation du communisme dans toute l'Europe la France serait dépécée, elle aurait le sort de la Pologne détruite par son *liberum veto*.

Admettons que le communisme puisse être établi en France sans danger de la part des puissances étrangères. A part les puissances étrangères, les chefs et administrateurs en France auraient plus de puissance sur leurs administrés que les ducs, les comtes, les barons de la première et seconde race, sur les hommes libres. Pour abréger, on sait où en étaient les choses à l'élévation des Hugues Capet. Il fallut plusieurs règnes philantropes des Capets pour abolir les désordres et l'esclavage, cette abolition se manifesta enfin sous le règne de Philippe le Bel et de Louis le Hutin.

Si le communisme s'établissait en France, les chefs du communisme seraient pires que les chefs trompeurs du peuple après 1830, que les chefs trompeurs du peuple après le 24 février 1848, que les chefs trompeurs du peuple après le 4 septembre; ces chefs de communisme à l'époque de notre civilisation, ne seraient que d'une courte durée, mais on pourrait les comparer à la grêle qui dans une heure commet les désastres qui conduisent à la famine.

Dans le contenu de ma brochure, j'ai élevé un autel à la république du 25 février, et à cet égard je n'ai pas déplu à Messieurs Decazes, Gambetta, Chalemel-Lacour, Thiers, Dufaure et de Marcère. Quant aux délégués mandataires je les mets à la hauteur du suffrage universel immédiat. Cet état des choses nous conduit évidemment au perfectionnement républicain voulu par le journal savant et de bonne foi des *Droits de l'Homme*. Le bien politique ne se fait que par degrés, il n'y a que le Créateur qui a pu dire *Fiat lux*.

Si *le rouge rose* qui a obtenu le Sénat avec 40,000 bulletins, substituant le suffrage restreint au suffrage universel, il est certain que la république une, indivisible, ineffable serait enrayée dans sa marche triomphante par le suffrage restreint. L'égalité serait mise au magasin des non-valeurs, nous verrions le retour de 1830, nous verrions le retour du protectionnisme et de ses calamités, nous verrions les jeux de bourse, les trafics honteux, l'intérêt de l'argent à 7 pour cent exigible par six mois d'avance, l'agriculture en stagnation. Les vins reprendraient le prix de 15 francs par les deux hectolitres; depuis le libre échange ils se vendent en moyenne cent francs l'hectolitre. — Sous le suffrage restreint, l'argent et les faveurs étaient au profit des privilégiés, au nombre de 200,000 aristocrates contre trente huit millions d'habitants. Ces aristocrates étaient maîtres des députés et les députés étaient maîtres des ministres, des ministres débonnaires; 200,000 électeurs étaient maîtres de la France. Par le suffrage restreint, les Français non censitaires seraient appelés *vile multitude* . Après la révolution du 24 février 1848, on entendit ces ignobles paroles contre le nom français. Notre principe sous la première, seconde et troisième race en partie, a été dans les étreintes des langes tyranniques, ces tyrannies ne durèrent que trop longtemps; le bourgeoisisme depuis 1789 a voulu imiter les très-hauts et très-puissants seigneurs du vieux régime, et depuis 1789 jusqu'à nos jours, ses ravages en somme ont surpassé le régime féodal dans toute son intensité et dans tous ses reflux contre l'autorité monarchique jusqu'au règne de Louis XVI qu'on fit monter sur l'échafaud par les effets du sacrilège du régime anglais de 1789.

Le bourgeoisisme veut encore envelopper notre principe du suffrage restreint, qu'il sache que ses prétentions ne sont qu'un nuage devant le soleil. Tout le monde connaît les actes du suffrage restreint, et spécialement ceux de son fils le protectionnisme.

Qu'on laisse aller la maladie du 4 septembre, elle est plus efficace qu'on ne croit, elle portera les fruits des maladies antérieures, tout le monde en connaît le nombre. Le *Rappel*, la *Tribune*, le *Corsaire*, les *Droits de l'Homme*, veulent de toutes leurs forces le perfectionnement républicain, n'en déplaise au rouge rose du centre gauche présidé par M. Thiers qui en sera toujours au suffrage restreint. Si lors du dénouement du progrès républicain le gouvernement du ciel était au-dessus des forces des mœurs françaises, ces mœurs diraient franchement par le suffrage universel que notre principe d'origine, à défaut de grâces surnaturelles, devrait rester le même avec ses lois de *vicissitude*. En pareil cas la gloire française tendrait la main à la *bonne foi du journal des Droits de l'Homme*, avec ces nobles paroles de Napoléon Ier *honneur au courage malheureux !*

L'AMNISTIE.

A l'hôtel de ville en 1830, et le 24 février 1848, on promit aux ouvriers le programme que M. Gambetta a prêché dans tous les faubourgs de Paris. C'est à raison de la promesse de ce programme qu'a eu lieu l'insurrection du 18 mars, chatiée par la victoire et les commissions militaires. On demande si les chefs des insurrections de 1830 passés sous le drapeau du régime anglais, et de l'usurpation de Louis-Philippe ont le moindre mérite patriotique, et s'il n'en est pas de même avec les chefs après le 24 février 1848, le 21, 22, 23 juin et le 24 septembre. A Rome on aurait dit contre tous les chefs *papavera collo*, et nous pour cause de nos doctrines, nous disons, le Génie du christianisme à la main, *pardonnez-leur, Seigneur, parce qu'ils ne savent ce qu'ils font.* Cela posé, il semble que l'amnistie serait équitable en faveur des ouvriers et prolétaires qu'on devrait remplacer par les douze de septembre et complices. Tous les chefs des trois révolutions de 1830, du 24 février 1848 et du 4 septembre n'ont été que des ambitieux et des trompeurs des classes ouvrières, on peut les comparer à Sieyès le régicide, qui après avoir assassiné le monarque Louis XVI accepta la monarchie de Napoléon Ier moyennant 800,000 francs dans les coffres-forts du directoire.

Pour arriver au bien, le général Bonaparte se servit de ce renégat. Pour les chefs révolutionnaires la patrie n'est rien, l'ambition personnelle est tout. Ils accepteraient *un ostiac et un tougdage* pourvu que ces tartares eussent à leur donner des richesses et des portefeuilles. Point d'amnistie pour ces chefs laquelle ne doit être que pour les prolétaires trompés qui ont subi et enduré les amertumes des jugements contradictoires. Ces prolétaires étaient disciplinés sous la monarchie impériale, ils le seraient d'avantage sous la république, bien supérieure dans son essence parfaite à toutes les monarchies quelconque.

La république est le gouvernement du ciel et préférable au gouvernement paternel qui a un chef dans la grande famille, semblable au chef dans chaque famille privée, et c'est ce chef paternel que huit millions de suffrages voulaient élire à l'exclusion du régime Anglais et du césarisme dont César et les sénateurs Soranus et Thrasea furent les victimes. On n'a rien à craindre du gouvernement paternel, car les pondérations sociales se forment toutes seules pour préserver la France du despotisme d'un seul et de plusieurs. Je le répète, gardons notre république que le prophète Samuël voulut conserver au peuple de Dieu qui par un renversement d'idées inexplicable voulut le règne de Saül. Toutefois soumission au suffrage universel pour tout ce qu'il voudra, après les épreuves de l'avenir qui seront faites à l'arrivée du perfectionnement démocratique du *journal des Droits de l'Homme.*

En finissant je dois dire que la république du 25 février par délégation donne par ses motions aimables *des rêves aux joies célestes.* Sur le visage de la république qui est *beau par le dessin et le coloris*, on voit la modestie, la douceur, la candeur, le diagnostic de toutes les vertus sociales. Sur le visage de la monarchie, que la gloire a fait passer aux Napoléon, on voit les imperfections du caractère de l'homme, on y voit aussi l'honneur, la vitalité de la nation française jusqu'à la fin des siècles. Les dames françaises ont fait choix de la monarchie; dans les Orphelins du hameau, Bernardin de St.-Pierre a dit : *ce que femme veut Dieu veut.*

Les deux Napoléon pour avoir toléré le régime anglais et le césarisme ont essuyé deux déchéances, l'une en 1815 en deux parties, et l'autre le 4 septembre. Les Capétiens contre la féodalité eurent leur répit, les Napoléon l'ont encore, ils imiteront les Capétiens pour la vérité du principe de la France. Ce principe a horreur du principe *anglais et du césarisme.* En Angleterre quand Guillaume et Marie se furent incarnés dans le régime anglais, le présent fondé sur la vérité du passé organique fut établi pour toujours. Napoléon est la prudence pour rendre la France à son principe à l'égal de Guillaume et de Marie, pour le principe de l'Angleterre. Il n'y a en France que les ambitieux et les aveugles qui sont réfractaires au principe trompé, mais immuable de la France. Utopies de 1789 jusqu'à présent, vous faites pitié aux yeux du sens commun.

Respect et toujours respect et honneur à notre république du 25 février à la majorité d'une voix. Si cette république passe aux oubliettes, la faute en sera à ses *soutiens soi-disant.* Les Thiéristes ont dit que la France est républicaine depuis cinq ans, ces messieurs vont très-vite pour le principe d'un peuple, en Angleterre on fait monter le principe à Alfred-le-Grand, et avant ; admettons que les Thiéristes aient pour eux bien et dûment la *grâce de Dieu.* Si les Thiéristes ont la conviction que la France est républicaine depuis cinq ans, pourquoi menacent-ils le bonapartisme de la sellette, pourquoi tremblent-ils devant *Charonne, devant Mandé,* devant *le Rappel, le Corsaire, la Tribune, les Droits de l'Homme,* devant les *lois démocratiques,* car une république doit les posséder ; je demande au thiérisme si le principe anglais, qui est une république aristocratique, trembla en 1830 en présence de trois ou quatre cent mille ouvriers rassemblés sur les places publiques de Londres ; il suffit au gouvernement anglais de cinq ou six constables pour faire rentrer les ouvriers paisiblement dans leurs ateliers. Quand on est fort du principe d'une nation on n'a rien à craindre, pourvu que ce principe ait sa vraie nature comme en Angleterre.

En France l'historien vrai et impartial Louis Blanc,

le littérateur Félix Piat, le premier chimiste de l'Europe le vieux Raspail, (quand Raspail arriva Orfila fila) sont des oracles pour la stabilité de notre république. Ces trois hommes distingués mettront la dernière pierre à l'édifice social de la démocratie. Si leur édifice croule, le vieux principe de la France leur donnera des rubans d'honneur et des récompenses civiques pour avoir avec conscience bien mérité de la patrie.

Vive la république, et si la France n'est pas assez vertueuse pour supporter sa sublimité, qu'elle foule aux pieds le régime anglais et le césarisme, pour accepter pour plusieurs siècles la monarchie des Napoléon inséparable du principe de la France.

TABLE.